PRÉDICTION

DE

CHARLES V,

ROI DE FRANCE

DANS LE XIV.e SIÈCLE.

———

PARIS,

Chez MONDELET, Libraire, rue du Dragon, N.o 9.

1817.

PRÉDICTION

DE

CHARLES V,

ROI DE FRANCE DANS LE XIV.e SIÈCLE.

LE Monarque de qui nous tenons cette belle sentence, *si la bonne foi et la vérité étaient bannies de tout le reste du monde, elles devraient se trouver dans la bouche des Rois*, le prédécesseur de Charles V sur le trône des Français, s'était signalé par sa valeur en expulsant de la France les Anglais, qui avaient à leur tête le prince de Galles, fils d'Édouard leur souverain ; mais le vainqueur de ces ambitieux insulaires ayant ensuite été fait prisonnier à la bataille de Poitiers, l'histoire des dernières années de son règne n'offrit à l'héritier présomptif de sa couronne que des épreuves pour se préparer à remédier aux calamités du peuple qu'il aurait à gouverner. Ce peuple avait eu sous les yeux le tableau effrayant de l'anarchie.

Les commencemens du règne de Charles V furent les heureux présages de la sagesse avec laquelle il se comporterait dans l'exercice de la royauté. En vain les seigneurs qui s'étaient ligués contre lui comptaient sur les esprits échauffés et disposés à la rebellion pour s'assurer des partisans, Charles V, en ramenant les rebelles à la raison, sut, par sa prudence, inspirer une telle horreur des dissentions civiles, qu'il obtint de n'avoir plus à redouter les infernales machinations des factieux.

Quoiqu'il eût plusieurs guerres à soutenir contre l'Espagne et l'Angleterre, le choix qu'il fit de ses généraux avait tellement enflammé le courage du soldat Français, qu'il ne cherchait que les occasions d'être aux prises avec les ennemis, afin de leur laisser des preuves de son dévouement pour sa patrie. Les Anglais l'éprouvèrent, lorsqu'il leur enleva les places qu'ils avaient prises en Normandie et en Bretagne. Commandé par un Duguesclin et par un Clisson, il n'était point de périls qu'il n'eût osé affronter. Animé par l'exemple de ses officiers, jamais armée ne montra plus d'ardeur qu'il n'en fit paraître jusqu'à ce qu'il fût parvenu à chasser les troupes étrangères du Poitou, du Rouergue, du Limousin, du Berri, de la Touraine et de l'Anjou.

Le célèbre combat naval où le comte de Pembrock fut fait prisonnier avec huit mille des siens, dut servir à apprendre à ces prétendus maîtres de la mer , combien était puissant le prince qui se faisait admirer par ses lumières pour régir l'état dont il tenait les rênes.

Charles V (au rapport des historiens), sans sortir de son cabinet , faisait réussir ses desseins. C'était là qu'après avoir médité sur l'emploi des finances , sur les devoirs des magistrats, sur les fonctions du sacerdoce , et sur les abus à réformer , il s'étudiait à connaître les hommes qu'il jugerait dignes de sa confiance , pour travailler , de concert avec lui , à la félicité du peuple dont il était le souverain. Si chaque jour il se faisait lire quelqu'ouvrage concernant le Gouvernement (1) , c'est parce qu'il n'ignorait pas que ces écrits sont consacrés à instruire ceux qui gouvernent , des ressorts qu'on avait mis en jeu pour la prospérité des Empires et des causes auxquelles on attribuait leur décadence.

---

(1) Du temps de Charles V a été composé le *Songe du Vergier* , qui traite de la puissance ecclésiastique et temporelle , que l'on attribue à divers savans, Philippe de Maizières , Raoul de Presle , Jean de Vertu , ou Charles-Jacques de Louviers , *Paris* , 1491 , *in-fol.*, et dans les *Libertés de l'Église Gallicane.* On raconte au commencement de ce livre, que Charles V se faisait lire chaque jour quelqu'ouvrage sur le gouvernement.

(Charles V , *Dictionnaire Historique* , par *M. l'abbé Ladvocat.*)

Écoutons Charles V, nous saurons à quel point il était persuadé que toute la force d'une nation doit être dans ses vertus, et qu'une action sublime lui promet plus de conquêtes qu'une armée. Copions fidèlement les expressions du monarque qui mettait sa gloire à rendre, dans tous les temps, la France respectable aux étrangers, et à lui procurer un bonheur constant. *Les clercs où a sapience on ne saurait trop honorer* (1), (dit Charles V) *et tant que sapience sera dans ce royaume il continuera à prospérité, mais quand débouté y sera, il déchéera.*

Quel sujet de réflexions pour ceux qui veulent se glorifier d'appartenir à la France, toutes les fois qu'ils penseront à cette prédiction remarquable, *tant que sapience sera dans ce royaume, il continuera à prospérité, mais quand débouté y sera, il déchéera !* Le roi qui s'exprimait ainsi, a de siècles en siècles conservé parmi les Français le glorieux surnom de *sage* qu'il

____

(1) On comprenait autrefois sous le nom de *Clercs* tous les officiers de justice. Comme le nom de clercs qui est aujourd'hui restreint à ceux qui sont de l'état ecclésiastique et aux commis des procureurs et des notaires, se donnait autrefois à tous les gens de lettres.

Manuel Lexique, ou Dictionnaire portatif des mots français, dont la signification n'est pas familière à tout le monde, page 153.

reçut de ses contemporains (1). Ce sera donc au nom de Charles V, surnommé le *sage*, que j'inviterai tous mes compatriotes à n'avoir plus qu'un même esprit national , en s'excitant à mettre en œuvre tous les moyens qui seront en leur pouvoir pour coopérer au triomphe des bonnes mœurs en France. *Tant que sapience sera dans ce royaume il continuera à prospérité; mais quand débouté y sera , il déchéera.*

« Les mœurs sont le vrai fondement de la prospérité des empires. Les mœurs peuvent tout, même sans les lois, et les lois ne peuvent presque rien sans les mœurs. Les mœurs fortifient les bonnes lois, suppléent aux lois insuffisantes , et corrigent les mauvaises.

« Qu'est-ce que les bonnes mœurs? C'est une conduite réglée sur la connaissance et l'amour de la vertu. Il faut la connaître pour l'aimer, et quand on l'aime on la pratique infailliblement (2). »

« Qu'est-ce donc que la vertu? C'est la préférence du bien général à l'intérêt particulier, c'est le sacrifice du penchant au devoir,

---

(1) Charles V fut le premier qui porta en France la qualité de Dauphin, par la donation du Dauphiné à Philippe de Valois; il monta sur le trône en 1364, et mourut en 1380.

(2) *L'Abeille Française* , volume présenté à la jeunesse, chapitre *Mœurs* , page 210.

c'est un sentiment profond de l'ordre qui dirige nos affections vers le juste et l'honnête; en un mot, c'est la raison du cœur (1).»

Les mœurs! les mœurs! voila quel était le cri de Michel de l'Hospital, à tous les ordres de citoyens (2).

Quiconque a de bonnes mœurs est un bon citoyen. La vie privée est une leçon continuelle de la vie publique, et souvent la passion de la gloire, se joignant à l'habitude de la vertu, l'homme devient un citoyen sublime (3).

Que les bonnes mœurs dominent en France, alors nous serons témoins des prodiges qu'elles

---

(1) *L'Abeille Française*, volume offert à l'adolescence, chapitre *Vertus*, page 114.

(2) *Les Mœurs !* Voilà quel était le cri de Michel de l'Hospital à tous les ordres de citoyens, il les exigea sur-tout des magistrats. A quel titre, leur disait-il, pouvez-vous prétendre à l'estime publique, si ce n'est par vos mœurs ?

Vie de Michel de l'Hospital, chancelier de France sous le règne de François II, en 1560.

(3) Sylla, Marius, César, Pompée, Octave et Antoine, auraient servi utilement leur patrie, qu'ils ont déchirée, si Rome avait encore eu les lois et les mœurs qui firent des Camilles et des Régulus.

MABLY, *de l'Etude de l'Histoire.*

portent à opérer en conduisant à l'amour de la patrie.

« Qu'est-ce que la patrie? C'est une mère commune que l'Être Suprême a donnée à ces grandes familles qu'on appelle les nations; génie invisible dont les touchantes et secrètes inspirations se font sentir à tous les hommes qui vivent en société. Par-tout où l'impulsion de ce génie fut sentie et respectée, la nature parut s'élever au-dessus d'elle-même : les fêtes, les jeux, les usages, les succès, les malheurs, tout fut héroïque; toutes les passions se transformèrent en vertus. Cette espèce de religion fit les beaux jours de l'humanité : les Émile, les Scipion, les Thémistocle, les Aristide, tous ces prodiges de désintéressement, de grandeur, d'énergie et de justice qui étonnent nos faibles âmes, furent son ouvrage. L'image auguste de la patrie toujours présente aux regards du citoyen, excitait ses pensées, épurait ses mouvemens; elle le suivait jusque dans la solitude et le silence de ses foyers, il craignait d'avoir à rougir aux yeux de ce témoin. Lorsque ce culte s'affaiblit, tout dégénéra; Rome perdit sa gloire et la Grèce sa liberté (1). »

Que je me plais à croire que la France va devenir le modèle des Nations qui se propose-

---

(1) *L'Abeille Française*, volume offert à l'adolescence, chapitre *de l'Amour de la patrie*.

raient d'affermir leur puissance sur des bases inébranlables ? Quel est le Français qui pourrait maintenant n'être pas convaincu que les vices tendent à tout détruire dans un Empire, et que les vertus seules peuvent veiller à sa conservation ?

« Hâtons-nous de faire triompher les principes qui sauvèrent les Empires de la chute dont ils étaient menacés.

Notre besoin le plus urgent, c'est d'apporter la plus grande ardeur à faire triompher parmi nous les principes qui serviront à resserrer tous les liens de la société, et à étouffer tous les germes de division entre les citoyens.

Le destin de la France est attaché aux succès de ces principes. Qui de nous n'est intéressé à être témoin des espérances que donnera la jeunesse française, élevée dans de tels principes pour former ses sentimens, ses mœurs et sa croyance ? Réunissons-nous pour ne pas souffrir qu'elle entende annoncer aucune opinion outrée : *Tout ce qui est extrême dans le moral est presque toujours vicieux* (1). Non comme

______

(1) Descartes, livré à la recherche de la vérité, s'était fait un devoir parmi les principes qu'il garda pour se conduire, premièrement, d'obéir en tout temps aux lois et aux coutumes de son pays; deuxièmement, de se décider toujours pour les opinions modérées, parce que dans le moral tout ce qui est extrême est presque toujours vicieux. Note 2 *sur l'Eloge de Descartes*, par *Thomas*.

le feu destructeur de la foudre , mais sembla-
bles à la lumière d'un beau jour , ceux qui sont
destinés à éclairer le peuple français , ne doi-
vent plus professer d'autre doctrine que celle
qui aura pour but de rendre à jamais indisso-
luble le nœud sacré de la concorde (1). »

EDMOND CORDIER ,

Éditeur des Recueils destinés à l'instruction
de la Jeunesse Française.

Avec cette épigraphe ,

Je vais jusqu'où je puis,
Et, semblable à l'abeille en nos jardins éclose,
De différentes fleurs j'assemble et je compose
Le miel que je produis.

---

(1) Page 15 d'un *Opuscule* que je livrai l'année
dernière à l'impression , sous ce titre :

*La Science est bien chèrement achetée quand
c'est aux dépens des bonnes mœurs.*

IMPRIMERIE DE MIGNERET, RUE DU DRAGON, N.º 20.

www.ingramcontent.com/pod-product-compliance
Lightning Source LLC
Chambersburg PA
CBHW050750070726
47597CB00009B/4156